Pas op voor een pad!

Paul van Loon
tekeningen van Camila Fialkowski

Een pad in de tuin

Ted kijkt door het raam.
Suus leest een boek.
Het boek heet: *De pad van de heks.*
Ted loopt naar het raam.
'Wat is er, Ted?' vraagt Suus.
'Waar kijk jij naar?'
'Sst,' doet Ted.
'Kom dan.
Ik zie een pad in de tuin.'
'Nou, en?' zegt Suus.
'Is dat zo raar?
Dat pad hoort in de tuin.
Ik loop er soms op.
Ik fiets er soms op.
En jij ook.
Of weet je dat niet meer?'
'Houd je mond eens,' zegt Ted.
'Praat niet zo veel.
Ik zeg dat ik een pad zie.
Niet het pad waar jij op loopt.
Niet het pad dat bij de tuin hoort.
Ik zie een pad die leeft.'
'Wat?
Waar?'
Suus loopt vlug naar het raam.

Ted wijst.
'Kijk, daar zit hij.
Bij de ton.'

'O, nou zie ik het,' zegt Suus.
'Een pad.
Hoe komt hij hier in de tuin?'
'Weet ik niet,' zegt Ted.
'Hij is vast de weg kwijt.'
'Wat doet hij?' zegt Suus.
'Niets,' zegt Ted.
'Een pad doet niets.
Hij zit stil en kijkt voor zich uit.'
Ted haalt een pot uit de kast.
De pot is van glas.
Suus kijkt naar Ted.

'Wat ga je doen, Ted?
Waar ga je heen met die pot?'
'Let maar op,' zegt Ted.
'Ik pak die pad.
Ik doe hem in de pot.
Dan heeft hij een huis van glas.'
Vlug loopt Ted het huis uit.
'Niet doen!' roept Suus.
'Laat die pad met rust.
Die pad is vast van een heks!
Dat staat in mijn boek.'
Maar Ted is al in de tuin.

Suus kijkt door het raam.
Daar vloog iets.
Iets dat dun is.
Iets met een hoed.
Wat was dat?
Of was het niets?

Een pad in de pot

Suus staat voor het raam.
Ze kijkt naar Ted.
Ted is in de tuin.
Hij heeft de pot in zijn hand.
Hij loopt naar de ton.
Daar zit de pad in het gras.
'Niet doen, Ted,' zegt Suus.
'Laat die pad met rust.'
Maar Ted hoort haar niet.
Hij bukt.
Zijn hand gaat naar de pad.
De pad zit heel stil.
Hij ziet de hand van Ted niet
'Niet doen!' roept Suus.
Maar Ted pakt de pad op.
Vlug doet hij hem in de pot.
'Kijk eens, Suus.
Ik heb hem.
Hij zit in de pot.
De pad is nu van mij.
Tof!'
Suus komt het huis uit.
Ze kijkt naar de pad in de pot.
Zijn kop is bol.
Zijn bek is breed.

Hij kijkt niet blij.
Hij kijkt boos.
Suus rilt.
'Niks tof, Ted.
Die pad is niet van jou.'
'O nee?' zegt Ted.
Hij houdt de pot voor zijn oog.
'Van wie is hij dan?'

'Weet ik niet,'
zegt Suus.
'Van een heks?
Dat staat in mijn boek.
Een heks heeft vaak een pad.'
'Pff,' zegt Ted.
'Dat boek is stom.
Er is hier geen heks.
Er is hier een pad.
En die is nu van mij.'
Ted kijkt door het glas naar de pad.
'Dag, pad.
Ben jij van een heks?'
De pad zegt niets.
'Zie je wel, Suus?
Hij is niet van een heks.
Dus is hij van mij.'
Ted loopt het huis in.
'Waar ga je heen, Ted?'
'Naar bed.
En de pad mag mee.
Ik zet hem naast mijn bed.'

'Jij bent gek,' zegt Suus.
'Een pad bij je bed.
Dat is raar.
En als de heks komt?
Wat dan?'
'Doe niet zo dom, Suus.
Er komt geen heks.'
'Dat hoop ik voor jou,' zegt Suus.
Ze kijkt door het raam.
Daar vloog iets.
Iets dat dun is.
Iets met een hoed.
Wat was dat?
Of was het niets?

12

De stem van de pad

Ted ligt in zijn bed.
De pot staat op de vloer.
In de pot zit de pad.
Hij kijkt door het glas naar Ted.
Ted kijkt naar de pad.
'Slaap, pad,' zegt Ted.
De pad zegt niets.
Hij kijkt stil naar Ted.
'Slaap, pad,'
zegt Ted nog een keer.
Dan valt hij zelf in slaap.

Drie uur op de klok.
Ted kijkt op.
Wat is er aan de hand?
Hij hoort iets.

Een stem.
Heel raar is die stem.
Raar en zwaar.
'Kwok!' roept de stem.
'Kwok!
Help!
Ik zit vast.
In een pot van glas.
Haal mij er uit.'
Wat raar!

Van wie is die stem?

Ted gaat uit bed.

Au!

Hij stoot zijn teen.

Wat dom!

Naast het bed staat de pot.

Dat wist Ted niet meer.

Zijn hoofd zit nog vol slaap.

De pot valt om en rolt naar het raam.

'Help!' roept de stem.

'Ik val om.

Ik rol weg.

Haal mij er uit!'

Nu hoort Ted het.

De stem komt uit de pot.

Het is de stem van de pad.

Hoe kan dat?

De pot ligt bij het raam.

Ted loopt naar het raam.

Hij ziet de maan.

En hij ziet nog iets.

Iets dat dun is.

Iets met een hoed.

Wat is dat?

Of is het niets?

'Help,' roept de pad.

'Help mij, heks!'

Hulp van de heks

'Help,' roept de pad weer.
'Help mij, heks.'
Dan ziet Ted weer iets door de ruit.
Een hoed, heel hoog.
Een neus, heel krom.
Een vrouw, heel dun.
Een heks!
Ze kijkt boos.
De heks zit vlak voor het raam.
Ze wijst naar Ted.
'Jij!' roept de heks.
'Jij hebt mijn pad!
Hoe durf je!
Ik zal je!'
De heks tikt op de ruit.

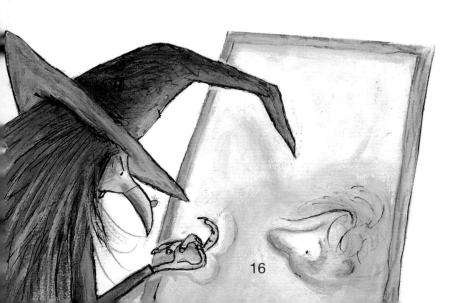

16

Er is een knal.
Er is rook.
Ted ziet niets meer.
Ted hoest.
De rook komt in zijn keel.
'Help!' roept Ted.
Zijn stem is schor.
Dan is de rook weg.
En de heks is ook weg.
Ted kijkt in het rond.

Om hem heen is glas.
'Hoe kan dat?' zegt Ted.
Hij zit in een pot van glas.
Een pot zo groot als een kast.
'Kwok!' hoort Ted.
Door het glas ziet hij de pad.
De pad is zo groot als een paard.
Zijn kop is bol.
Zijn bek is breed.
'Ik heb je,' zegt de pad.
'Nu ben je van mij.
Ik eet je op.'
'Nee!' roept Ted.
'Help.'
'Niks help,' zegt de pad.
'Je bent van mij.'
De bek van de pad gaat in de pot.
Hij hapt naar Ted.
'Help!' roept Ted.
'Help!'

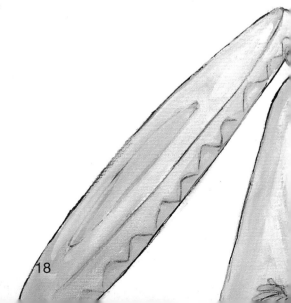

19

Geen pad meer

'Ted, Ted!
Wat droom je?'
Ted hoort een stem.
Wie is dat?
'Help!' gilt Ted.
'Red mij.'
'Kijk nou, Ted,' zegt de stem.
'Je hebt een droom.
Ik ben het, Suus.'
Pats!
Ted voelt een klap.
Hij kijkt.
Ja, het is Suus.
Ze staat naast het bed.
'Suus!

Jij bent geen pad.'
'Dank je,' zegt Suus.
'Gaf jij mij een klap?' zegt Ted.
'Ik moest wel, Ted.
Jij had een droom.
Je riep om hulp.'
'Dat is waar,' zegt Ted.
'Het was maar een droom.'
Suus wijst naar de pot.
Die staat naast het bed op de vloer.

'Hee, waar is de pad, Ted?'
Ted kijkt naar de pot.
De pot is leeg.
De pad is weg.
Ted kijkt Suus aan.
Hij ziet heel bleek.
Dan is er een gil bij het raam.
'Daar!' roept Suus.
Ze wijst naar het raam.
Ted ziet ook iets door de ruit.
Een hoed, heel hoog.
Een neus, heel krom.
Een vrouw, heel dun.
De heks.
Op haar hoed zit de pad.
De heks gilt heel hard, heel hoog.

Dan is ze weg.
Suus kijkt Ted aan.
Ted kijkt Suus aan.
'Ik zei het al,' zegt Suus.
'Ja,' zegt Ted.
Zijn stem piept.
'Ik hoef geen pad meer.
Nooit meer.'

Jot jot jot.
De pad zit in de pot.
De pot staat op het vlot.
Het vlot vaart op de zee.
Wie vaart er met pad mee?

Een aap met slaap.
Een beer met een peer.
Een mus met zijn zus.
En Ted met zijn bed.

O, wat een lol.
Het vlot is vol.

Spetter 3

Serie 1, na 4 maanden leesonderwijs, sluit aan bij *Veilig leren lezen* kern 7.
Serie 2, na 5 maanden leesonderwijs, sluit aan bij *Veilig leren lezen* kern 8.
Serie 3, na 6 maanden leesonderwijs, sluit aan bij *Veilig leren lezen* kern 9.
Serie 4, na 7 maanden leesonderwijs, sluit aan bij *Veilig leren lezen* kern 10.
Serie 5, na 8 maanden leesonderwijs, sluit aan bij *Veilig leren lezen* kern 11.
Serie 6, na 9 maanden leesonderwijs, sluit aan bij *Veilig leren lezen* kern 12.

In serie 1 zijn verschenen:

Lieneke Dijkzeul: naar zee, naar zee!
Bies van Ede: net niet nat
Vivian den Hollander: die zit!
Rindert Kromhout: een dief in huis
Elle van Lieshout en Erik van Os: dag schat
Koos Meinderts: man lief en heer loos
Anke de Vries: jaap is een aap
Truus van de Waarsenburg: weer te laat?

In serie 2 zijn verschenen:

Marianne Busser en Ron Schröder: Een spin voor juf
Wim Hofman: Aap en Beer gaan op reis
Vivian den Hollander: Een gil uit de tent
Rindert Kromhout: Weer en wind
Ben Kuipers: Lam is weg
Paul van Loon: Pas op voor een pad!
Anke de Vries: Jet met de pet
Jaap de Vries: Een kip voor Toos

In serie 3 zijn verschenen:

Lieneke Dijkzeul: Je bent een koukleum!
Lian de Kat: Stijntje Stoer
Wouter Klootwijk: Lies op de pont
Rindert Kromhout: Feest!
Ben Kuipers: Wat fijn dat hij er is
Paul van Loon: Ik ben net als jij
Hans Tellin: Mauw mag niet mee
Anke de Vries: Juf is een spook

Spetter is er ook voor kinderen van 7 en 8 jaar.

Boeken met dit vignet zijn op niveaubepaling geregistreerd en gecontroleerd door KPC Onderwijs Adviseurs te 's-Hertogenbosch.

5 6 7 8 / 09 08 07 06

ISBN 90.276.4490.x • NUGI **260**/220

Vormgeving: Rob Galema (studio Zwijsen)
Logo Spetter en schutbladen: Joyce van Oorschot

© 2000 Tekst: Paul van Loon
Illustraties: Camila Fialkowski
Uitgeverij Zwijsen Algemeen B.V. Tilburg

Voor België:
Uitgeverij Infoboek N.V. Meerhout
D/2000/1919/104